CPSIA information can be obtained
at www.ICGtesting.com
Printed in the USA
JSHW061009210223
38007JS00001B/1

READING WORKBOOK
THE HEBREW PRIMER
דֶרֶךְ בִּינָה

by
Elizabeth Zinbarg Nover

illustrated by
Guy Brison-Stack

Behrman House, Inc.

Copyright © 1986 by Behrman House, Inc.
Millburn, New Jersey
www.behrmanhouse.com
ISBN 13: 978-0-87441-433-2
Manufactured in the United States of America

Designed by Gene Siegal

PART 1
READING PRACTICE

Unit 1 1
Unit 2 8
Unit 3 14
Unit 4 21
Unit 5 27
Unit 6 34
Unit 7 40
Unit 8 47

בּ ב

1 בֵּ בֵ בֵּ בֵ בֵּ בֵ

2 בֵּבּ בֵּבֵּ בֵּב בֵּבֵ בֵבּ

3 בֵבֵּ בֵב בֵבֵ בֵּבֵ בֵּבֵּ

4 בֵּב בֵבּ בֵבֵּ בֵבֵבֵ בֵבֵבֵּ

5 בֵבֵּבֵּ בֵּבֵבֵּ בֵּבֵּבֵ בֵבֵבּ בֵבֵּב

6 בֵּבֵּבּ בֵבֵּב בֵּבֵבּ בֵבֵּבּ בֵּבֵב

ר

1 רֵ רַ רָ רַ רֵ רָ

2 רֵבֵּ רַבַּ רָבָּ בָרֵ בַרַ

3 בֵרָ בֵּר בַּרֵב בָּרַבֵ בַרָבּ

4 רֵבַּבָ רַבַבֵּ רָבֵבַּ בָּבַרֵ בָבֵּרַ

5 רָבֵּר רֵבַר רֵרַבָּ רַרָבֵ בַּרֵרָ

6 בֵּרַר רָרַרֵ בַּר רַב רָב

ד

1 דָ דַ דֵ דָ דַ דֵ

2 דֵבָּ דַבַ דָרֵ דָדֵ בֵּדַ

3 בַדָ רֵד בָּדֵב רֵדַבּ בַדָרָ

4 דֵדֵבַּ דַבָרֵ דָבַּבָ רֵבַּדֵ בָּבֵדַ

5 רַרָדָ בַּבֵד דָר רַד רֵד

6 דַבֵּר בָּד דָבָר בָּרָד בָּדָד

שׁ

1 שֵׁ שַׁ שָׁ שֵׁ שַׁ שָׁ

2 שֵׁדָ שַׁר שָׁבַ בַשָׁ בָּשַׁ

3 דָשֵׁ רָשׁ שָׁבַּב דָשַׁרֵ בָבַּשֵׁ

4 דָרַשׁ בַּשָׁבֵ שַׁדָר שֵׁשַׁבָ בֵּשָׁש

5 רֵשׁ רָשׁ שָׁב שֵׁב שֵׁש

6 דָרַשׁ שֵׁד שַׁר שָׁר שָׁבַר

שׂ

1 שָׂ שָׂ שַׂ שַׂ שֵׂ שֵׂ

2 שֵׂבָּ שַׂב שָׂרֵ דֵשָׂ בַּשַׂ

3 בָשֵׂ שֵׂשׂ שָׂשֵׂד רָשַׂבֵ בָּשַׂשֵׂ

4 בֵּבַשׂ רָשָׂדֵ שַׂבֵּשָׂ שֵׂשַׂבָ רֵשָׂד

5 רֵשׂ דָשׂ שָׂבַּ שֵׂבָ שֵׂרֵ

6 רָדַשׂ שַׂר שָׂשׂ שָׂרַד בָּשָׂר

1 דַבַ רֵשׁ שָׁר רָב בָּדָד

2 דָרֵ שֵׂבָּ שַׁר רַב בָּרָד

3 רֵבֵּ שַׂבַ שֵׁד בַּר דָבָר

4 רַבּ שָׂרֵ דָרַשׁ בָּשָׂר בָּד

5 רָבָּ שֵׁדָ שֵׁשׁ שָׂרַד דַבֵּר

6 בֵּב שַׁר שֵׁב שָׂשׂ רֵד

7 בֵּבֵּבֵּ שָׁבַ שָׁב שַׂר רַד

8 בֵּבֵּבּ דֵבָּ רָשׁ שָׁבַר דָר

Unit 1

PROGRESS TEST

Circle the Hebrew letter (and vowel) with the same sound as the English letters in the box.

ב	שׂ	בּ	שׁ	B	1
ר	שׂ	ב	שׁ	S	2
ר	שׁ	בּ	ב	V	3
שׁ	שׂ	ד	בּ	SH	4
ד	ב	ר	שׂ	R	5
בּ	ד	ר	ב	D	6
ב	בֵּ	בַ	רֵ	VAH	7
שַׂ	דֵ	רַ	דָ	DAH	8

תּ

1 תֵּ תַּ תָּ תָּ תַּ תֵּ

2 תֵּד תֵּשׁ תֵּר תֵּבּ תֵּרַב

3 תֵּתָשׁ תַּדָ תַּתָ תַּשֵׁתָ תַּשֵׁדָ

4 תָּרֵ תָּב תָּד בָּתֵּת שַׁתֵּשָׁ

5 רָתַּד בַּתֵּ רֵתַ רַתֵּ דֵתַ

6 תֵּרֵד תֵּשֵׁב רֵדַת בַּבֵת בַת

ת

1 תָ תַ תֵ תֵ תַ תָ

2 תֵשָׁ תֵתּ תֵדַר תַבּ תַתָּ

3 תָרָ תָרַד תָבֵשׁ בַתַת בַתֵ

4 דַתֵ בֵּתַ בַתַ בֵּתָ בָּת

5 רֵת שֵׁת שָׂת בַּת דַת

6 רַבַּת שַׁבָּת שָׁבַת שָׁרֵת תֵּרֵת

ל

1 לַ לָ לֵ לָ לַ לֵ

2 לֵב לֵבָּ לֵדָר לַב לָבַ

3 לָתֵ לָתָ בָּלֵתַ תֵּלָל שָׁלַ

4 שַׁל דַל שָׁל בֵּל דָלַל

5 לֵב לֵבָב בַּלֵבָב לָבַשׁ שֵׁלַב

6 בַּל דַל שַׁל תֵל לָתֵת

מ

מֵ מַ מָ מֵ מַ מָ

מֵת מַר מָד מַתָּד מָשׂ

מָשָׁ מָל מָדַ מָמֵ מָרַת

לָמַתֵּ דֵמַ שָׁמַ רֵמָ שַׁמָ

תָּמָ מַת מָשָׁל מָדַד לָמַד

מֵת מַר שָׁמַר תָּמָר שַׁמָשׁ

1 לָמַ דַת לֵבָב לָתֵת שַׁמָשׁ

2 בַּלֵ בַּת לֵב תֵל תָּמָר

3 שֵׁלַ שָׁת דָלַל שַׁל שָׁמַר

4 לָתֵ שֵׁת תֵּבַת דַל מַר

5 תֵּבַ תֵּרֵד שָׁרֵת בַּל מֵת

6 רֵת תֵּשֵׁב שָׁבַת שָׁלַב לָמַד

7 רֵשׁ שָׁל שַׁבָּת לָבַשׁ מָדַד

8 תֵּשֵׁ מָדַ רַבַּת בַּלֵבָב מָשָׁל

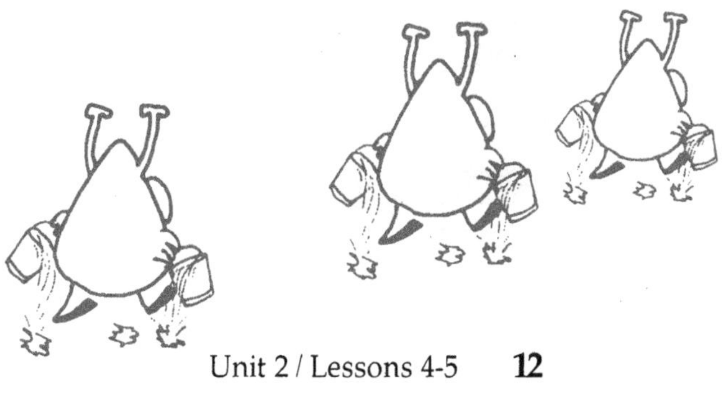

Unit 2

PROGRESS TEST

Put a circle around the letter named in the box.

בּ	ד	מ	תּ	TAV	1
שׁ	מ	שׂ	ר	MEM	2
שׂ	ת	ל	ב	TAV	3
תּ	ד	ל	ר	LAMED	4
ת	בּ	ב	ד	VET	5
שׂ	שׁ	מ	תּ	SIN	6
ד	ב	ל	ר	RESH	7
ר	שׁ	ד	ל	DALET	8

וֹ וּ

1 בּוּ בוֹ רוּ דוֹ שׁוּ שׁוֹ

2 לוּלָ לוּלֵ שׁוּבָ תּוֹרָ דוֹדָ

3 לוֹמֵ מָרוֹ שׁוֹדֵ שׁוֹמֵ תּוּת

4 שׁוֹמֵר שׁוֹדֵד מָרוֹר לוֹמֵד דוֹד

5 בּוֹר דוֹר מוֹר שׁוֹר תּוֹר

6 תּוּת שׁוּב שׁוּבוּ לוּלָב בּוּל

7 תֹּ דֹב רֹשׁ רֹד שָׁלֹשׁ

ם

1 לֵם מַם תָם שׁוּם דוֹם

2 רוֹם רַם לוֹם בַּם בּוּם

3 שֵׁם רוֹם לוֹם דוּם לָם

4 שַׁם בָּם בּוֹם מוּם שׁוּם

5 תָּם מָרוֹם שֵׁם שָׁם שָׁלֵם

6 שָׁלוֹם רַם דָרוֹם דָם דוֹם

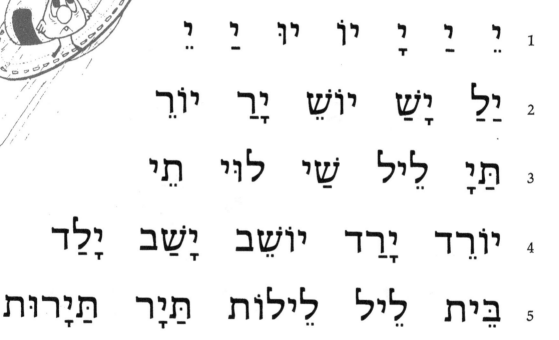

1 יֵ יַ יָ יוֹ יוּ יַ יֵ

2 יַלַ יָשַׁ יוֹשֵׁ יָרַ יוֹרֵ

3 תַּיָ לֵיל שַׁי לוּי תֵּי

4 יוֹרֵד יָרַד יוֹשֵׁב יָשַׁב יָלַד

5 בֵּית לֵיל לֵילוֹת תַּיָר תַּיָרוּת

6 דַי בָּתֵי שַׁי מָתַי תַּלוּי

ו

1 וָ וַ ווּ ווֹ וֵ ווֹ ווּ

2 בַּוָ וַדַ לֵו דַוָ וֵשַׁ

3 לָיו תָיו וֵרַ וָרֹ וָדֹ

4 וָמוֹ וָלָ וָר וֵלוּ תַּו שָׁיו

5 וָלָד וָדֹר וַדַי וָו וָרֹד

6 וֵלוּר וֵרַד דַוָר שָׁלֵו דוֹרוֹתָיו

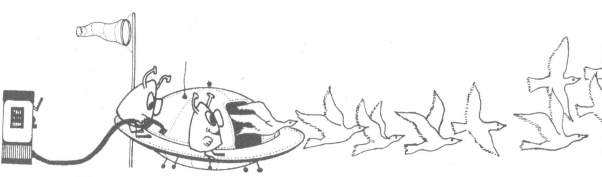

ן

1 בֵן דוֹן שָׁן לוּן מֵן

2 מָן תַּן לָן רַן דָן

3 בּוֹן שׁוֹן שׁוּן לוֹן ווּן

4 בֵּין בֶּן לָבָן לָשׁוֹן מָן

5 מַתָּן שָׁמֵן שֵׁן שָׁשׁוֹן תֵן

6 לָן מָלוֹן דַיָן מוּבָן יוֹמָן

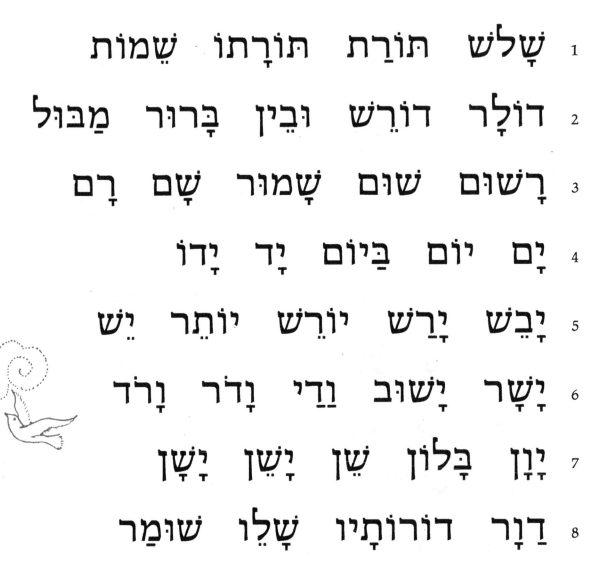

1 שָׁלשׁ תּוֹרַת תּוֹרָתוֹ שֵׁמוֹת

2 דוֹלָר דוֹרֵשׁ וּבֵין בָּרוּר מַבּוּל

3 רָשׁוּם שׁוּם שָׁמוּר שָׁם רָם

4 יָם יוֹם בַּיּוֹם יָד יָדוֹ

5 יָבֵשׁ יָרַשׁ יוֹרֵשׁ יוֹתֵר יֵשׁ

6 יָשָׁר יָשׁוּב וַדַי וָדֹר וָרֹד

7 יָוָן בָּלוֹן שֵׁן יָשֵׁן יָשָׁן

8 דַוָר דוֹרוֹתָיו שָׁלֵו שׁוּמַר

Unit 3

PROGRESS TEST

I. Circle the word that <u>begins</u> with the English sound in the box.

1	M	מַבּוּל	דָרוֹם	שָׁלֵו	שַׁמָשׁ
2	Y	בָּתֵי	לֵיל	שָׁלוֹם	יָשָׁן
3	V	דַוָר	תַּלוּי	וַדַי	שָׁלֵו
4	L	דוֹר	לָתֵת	בַּל	בָּלוֹן

II. Circle the word that <u>ends</u> with the English sound in the box.

1	T	תּוֹרָתוֹ	שֵׁמוֹת	שָׁלֹשׁ	יוֹתֵר
2	D	וָדֹר	רָשׁוּם	וָרֹד	דּוֹרוֹתָיו
3	M	מוֹשָׁב	רָדוּם	שָׁמוּר	דוֹרֵשׁ
4	N	שָׁלֵם	בּוּל	שָׁשֹׂן	לוּלָב

א

1 אֵ אַ אָ אוֹי אוּ אֲ

2 אָדוֹ אָמַ בְּאֵ אָדָ אוֹמֵ

3 אַתְּ אֵל אֵי אֹד בּוֹא

4 אָרוֹן מְלֹא אָדוֹם בָּרָא אוֹר

5 אָמַר אוֹמֵר אַתְּ אוֹת אֵין

6 אֵלָיו בְּאֵרוֹ שְׁמוּאֵל בּוֹאוּ מְאֹד

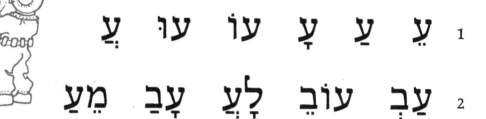

ע

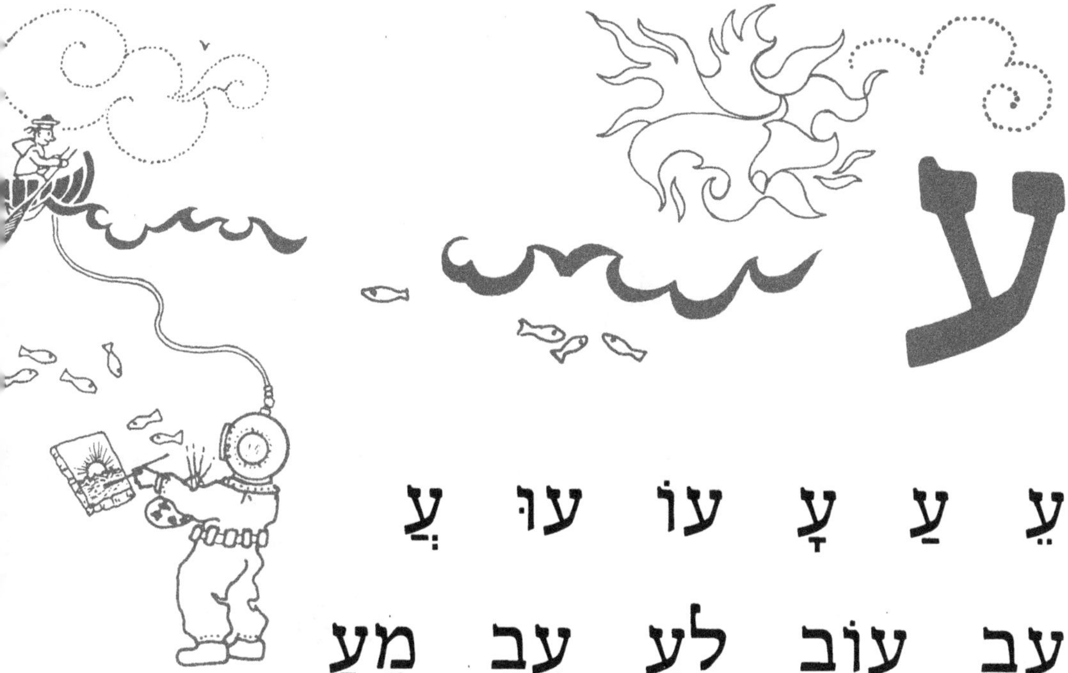

1 עֵ עַ עָ עוֹ עוּ עֲ

2 עַבְ עוֹבֵ לָעֲ עָבַ מֵעַ

3 בּוּעַ שָׁעוֹ רַעֲ עַר עוֹת

4 עַבְדֵי עוֹבֵד עָבַר עוֹבֵר עוֹלָם

5 לַעֲשׂוֹת מֵעַל מֵעֲרָב רַעַשׁ

6 בְּעַמוֹ לְעַמוֹ מְעַמוֹ שָׁעוֹן שַׁעַר

7 רָשָׁע שְׁמַע שׁומֵעַ שָׁבוּעַ

נ

1 נַ נוֹ נְ נוּ נָ נֵי

2 נַא נוֹעֵ מָנוּ עֲנָ נוֹרָ

3 נַע נֵרוֹ נוֹלָ נֵבוֹ נְאוּ

4 נַאווּ נְאוּם נֵבוֹשׁ נוֹלָד נוֹרָא

5 נַעַל נוֹעֵל נֵרוֹת נַעַר נוֹעַר

6 אֱדוֹנֵינוּ אֵינוֹ אַשְׁרֵינוּ בָּנוּ לָנוּ

7 עֵינַי עֵינֵינוּ עָלֵינוּ עָנָן בָּנָיו

ג

1 גַּ גָ גֶ גּוֹ גוּ

2 גוֹלֵ גַל גְדוּ גָּנַ גָּדוּ

3 שׁוֹגֵ דָג מָגֵ בּוֹג אֲגַ

4 גַל גּוֹלֵל גְדוּלָתוֹ גְדוּלַת גָּדוֹל

5 גּוֹנֵב גָּנַב גוֹמֵל גוֹמֵר גָּמַר

6 לָדוּג מַעְגְל מָגֵן בּוֹגֵד גְמַר

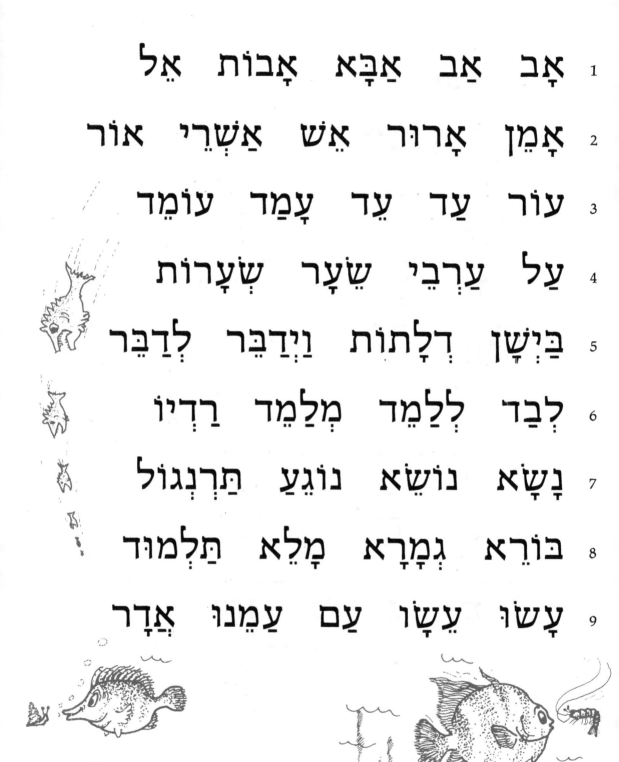

1 אָב אַב אַבָּא אָבוֹת אֵל

2 אָמֵן אָרוּר אֵשׁ אַשְׁרֵי אוֹר

3 עוֹר עַד עֵד עָמַד עוֹמֵד

4 עַל עַרְבֵי שֵׂעָר שְׂעָרוֹת

5 בַּיְשָׁן דְלָתוֹת וַיְדַבֵּר לְדַבֵּר

6 לְבַד לְלַמֵד מְלַמֵד רַדְיוֹ

7 נָשָׂא נוֹשֵׂא נוֹגֵעַ תַּרְנְגוֹל

8 בּוֹרֵא גְמָרָא מָלֵא תַּלְמוּד

9 עָשׂוּ עֵשָׂו עַם עַמֵנוּ אֲדָר

Unit 4
PROGRESS TEST

Circle the Hebrew letter and vowel with the same sound as the English letters in the box.

בֵּ	נְ	גֵ	גְ	G	1
נוֹ	בַ	נוּ	גוּ	NOO	2
שׁוֹ	עוֹ	דַ	עוּ	OH	3
אֹ	אוּ	מֹ	ךָ	OH	4
יָ	יֵ	יְ	ךָ	YAH	5
יוּ	לֵ	שֵׁ	עְ	YOU	6
מְ	נְ	מַ	תוּ	M	7
ן	וְ	ם	יְ	N	8

ה

1 הָ הַ הוּ הֵ הֶ הוֹ

2 לָה לֹהֵי הָאֵ הֶל אַהֲ

3 יֵה דֶה הַבְ הֵיד בָה

4 הָאֵר הַבְדָלָה הוּא הֵידָד

5 אַהֲבָה אַהֲבַת אֹהֶל אֱלֹהֵי

6 מוֹדֶה גְדוֹלָה נָאוָה אֲדוּמָה

7 מוֹרָה מֹשֶׁה אֲדָמָה גְדוֹלָה

ח

1 חֶ חְ חוּ חֹ חָ חַ חֵ

2 חָד אֲנַחְ חַגוֹ מֵחַ רֵחַ

3 נֹחַ לוּחַ חָבֵ אֲחָ חָה

4 חָבֵר חֲבוּרָה אֶשְׁתַּחֲוֶה חֲגוֹרָה

5 אֲחָיוֹת אַחֲרֵי אֲחַשְׁוֵרוֹשׁ אֲנַחְנוּ

6 מָלוּחַ לָנוּחַ נֹחַ יָרֵחַ מֹחַ

7 נַח לוּחַ רוּחַ שָׂמֵחַ חָדָשׁ

כּ

1 כֵּ כַּ כָּ כּוֹ כּוּ כְּ כֶּ

2 כּוֹתֵ כָּה כַּאֲ כַּבֵּ רַכֶּ

3 כָּתַ כֶּתֶ כְּבוֹ כָּשֵׁ כֵּנוּ

4 כּוֹתֵב כָּתַב כְּמוֹ כֶּתֶר

5 כֹּחַ רַכֶּבֶת מַלְכֵּנוּ כָּשֵׁר כַּשְׁרוּת

6 כַּוָּנָה כַּבֵּד כְּבוֹדוֹ כַּדּוּר כַּאֲשֶׁר

כ

1 כֶ כְ כוּ כוֹ כָ כַ כֵי

2 כָה חָכָ כַב כוֹת לְכֵי

3 כּוּת רְכוּ כֵל כֶן בְּכָל

4 הַכְתָבָה הַלָכָה מַלְכוּת מַלְכֵי

5 רָכַב רוֹכֵב אָכַל אוֹכֵל חָכָם

6 בָּרְכוּ בְּרָכוֹת שֶׁלָכֶם מַלְאֲכֵי

ך

1 לָךְ לֵךְ רֵךְ חוּךָ מְךָ

2 אַךְ רוּךְ רָךְ לְךָ כֶךָ

3 הָלַךְ מֶלֶךְ מַלְאַךְ בָּרוּךְ מְבוֹרָךְ

4 לְבָרֵךְ אֲבָרֵךְ כּוֹרֵךְ בֶּרֶךְ דֶרֶךְ

5 יְשָׁבְּחוּךָ לָךְ לְךָ עוֹרֵךְ עָרוּךְ

6 שְׁלוֹמְךָ שְׁלוֹמֵךְ שְׂרוֹךְ כָּמוֹךָ

7 וּבְלֶכְתְּךָ בַדֶּרֶךְ וּבְשָׁכְבְּךָ

1 הוּלֶדֶת הֵנָה יְהוּדָה יַהֲלוֹם

2 חֶדֶר חֲדַר חוּמָשׁ חוּמְשֵׁי

3 אֵינֶנּוּ שַׁרְשֶׁרֶת אֱמֶת שֶׁלֶג אֶת

4 רֶגֶל אַתֶּם אַתֶּן עֵשֶׂב אֶתְרוֹג

5 כַּבֵּד כָּבוֹד כַּדּוּרֶגֶל כּוֹבַע כָּל

6 עֲלֵיכֶם עֲלֵיכֶן מַלְכוּת מוּכָן

7 בְּבוֹאֶךְ הֶמְשֵׁךְ חֹשֶׁךְ יָדֶךְ

8 כָּמוֹךְ כָּכָה כָּךְ וְכָךְ

Unit 5

PROGRESS TEST

Circle the Hebrew word with the same as the English "word" in the box.

גְדוּלָה	נֵרוֹת	גְדוֹלָה	G'DOO-LAH	1
יוֹרֵד	יֶרַח	וֶרֶד	YEH-RACH	2
חֲבֵרוֹ	כְּבוֹדוֹ	כָּבֵד	K'VO-DO	3
כָּחוֹל	בָּחוּר	בְּכָל	B'CHOL	4
אֹכֶל	אֹהָלֶ	אֱלֹהֶ	O-HAH-LEH	5
אֲשֶׂר	עֶשֶׂר	שְׁאָר	AH-SHEHR	6
לָלֶדֶת	הוּלֶדֶת	יֶלֶד	HOO-LEH-DET	7
חָכָם	הֲבָנָה	כַּוָנָה	HAH-VAH-NAH	8

1 כִ כִּ חִ הִ גִ נִ עִ אִ

2 יִמְ לַיִם תִשְׁ כִבּוּ גִבּוֹ

3 עַיִ שִׁמְ תִכָּ חַיִ בִךְ

4 יִשְׂרָאֵל מִגְדָּל לִכְבוֹד תִשְׁרֵי

5 אִשָּׁה יִמְלֹךְ שִׁחְרוּר תִכָּתֵבוּ

6 שִׁנּוּי עֵינַיִם עַיִן שִׂמְחָה גִבּוֹר

7 עֲלִיָּה הִנֵּה לִגְמוֹר רַגְלַיִם

רִ

1 וִי לִי מִי תִּי שִׁי שִׂי דִי

2 רִינָ בִיב גִילָ דִיל מִים

3 מֵבִי חֲרִי מוֹכִי כָמִי בְּרִי

4 אֲדוֹנִי לְהַמְשִׁיךְ אֱלֹהִים רַחֲמִים

5 אָבִינוּ מֵבִיא הִיא רִינָה דִין

6 הִלְבִּין שַׁחֲרִית אָבִיב כָּמוֹנִי

7 מַבְדִיל תָּמִים חֲכָמִים בְּרִית

פ

1 פֵּ פּוֹ פּוּ פֶּ פִּ פְּ

2 פַּעֲ הִפִּי פֹּעַ פּוֹחֵ פָּה ב

3 כִּפּוּ פָּגַ פֶּתַ עִפָּ פְּעוּ

4 פַּעֲמוֹן פַּעֲמַיִם פּוֹחֵד פֶּלֶא

5 פָּגַשׁ עִפָּרוֹן פֶּתַח פּוֹתֵחַ

6 פַּח אַשְׁפָּה הִפִּיל פּוּר פִּלְפֵּל

7 פֹּעַל פְּעוּלָה כִּפּוּר כִּפָּה

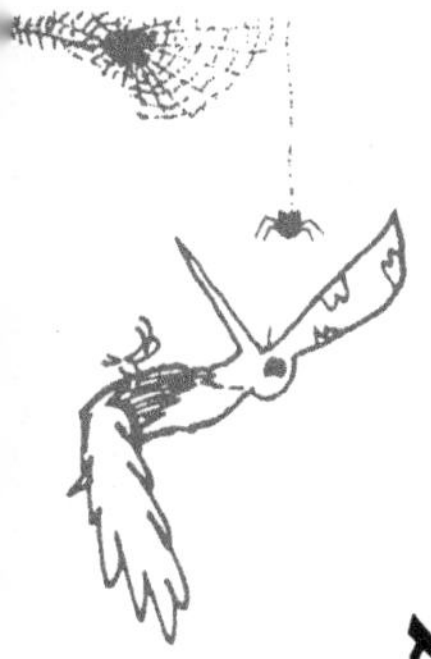

פ

1 פְ פִ פֶ פוֹ פָ פַ פֵ

2 יָפָ לִפְ פֹה אוֹפָ פֶשׁ

3 פִיָ לְפָ חֹפֶ נִפְ עֶפְ

4 עֶפְרוֹנוֹת לִפְתוֹחַ נִפְלָא נִפְגַע

5 אוֹפָה מַאֲפִיָה אֵיפֹה אֲפִילוּ

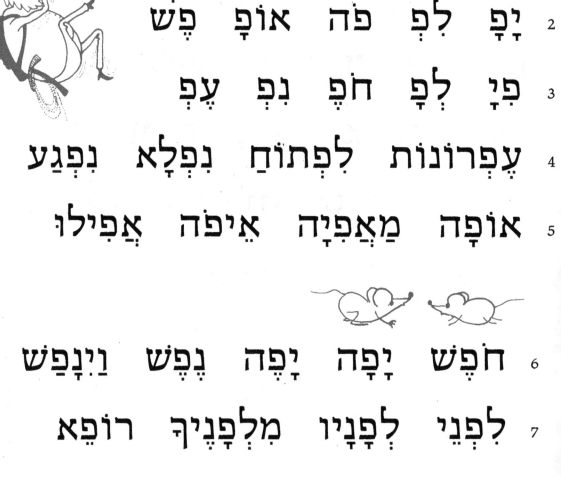

6 חֹפֶשׁ יָפֶה נֶפֶשׁ וַיִנָפַשׁ

7 לִפְנֵי לְפָנָיו מִלְפָנֶיךָ רוֹפֵא

1 אֱלֹהַיִךְ אִמָא אִמָהוֹת לִכְתוֹב

2 שֶׁלִי שִׁיר עִירֶךָ עִיר מֵבִין

3 אֵלִיָהוּ הַנָבִיא לִלְמוֹד אֲנִי

4 פֹּה פֶּה פָּנָיו פָּנִים פָּרָה

5 מִפַּעַם לְפַּעַם נָפַל תַפּוּחַ שׁוֹפָר

6 פְּרִי פֵּרוֹת מַפָּה מַפִּית שֶׁפַע

7 תְפִּילָה תְפִּילוֹת שָׁפָן מְבֻגַר

Unit 6

PROGRESS TEST

Circle the Hebrew letter and vowel with the same sound as the English letters in the box.

אַי	שִׂ	עֵי	עִי	EE	1
פֻּ	פוּ	כֻּ	בּוֹ	POO	2
בֻּ	פֶּ	פֶּ	פֻּ	FEH	3
הַ	חֵ	ךְ	ךָ	CH	4
חוֹ	הֹ	בֻ	כוּ	CHOO	5
הֻ	הוֹ	חֹ	תָ	HO	6
גֹ	נֹ	נוּ	לֵ	GO	7
כֵ	גַ	נָ	וְ	NAH	8

ט

1 טֻ טוּ טֹ טוֹ טִ טֶ טְ

2 טָמֵ טָהוֹ טִהֲרְ מַטָ וְטַ

3 טֵע טִים טֹעַ פָּט עַט

4 טָמֵא טָהוֹר טוֹב טוּב בְּטוּבוֹ

5 וְטִהֵר וְטִהַרְתָּ נוֹטֵעַ לִנְטֹעַ

6 מִבְטָא לְמַטָּה מְעָטִים שׁוֹפְטִים

7 מְעַט לְאַט מִשְׁפָּט טוּ בִּשְׁבָט

ק

1 קֵ קַ קוּ קֹ קֻ קֶ קִ קְ

2 קוֹלָ בַקָ רוֹק קַלוּ קָפֵּ

3 קָרָ בּקוּ פִּיק קָשׁ קוֹק

4 קוֹקָה קוֹלָה קָרָא קָרָה קָפֶּה

5 בְּבַקָשָׁה בּקַשְׁתּי מְבַקֵשׁ בּקוּר

6 וָתּיק יָרוֹק מַפּיק חֹק לְהַדְלּיק

7 יָקָר קַל קַלוּת קָשֶׁה בְּקשׁי

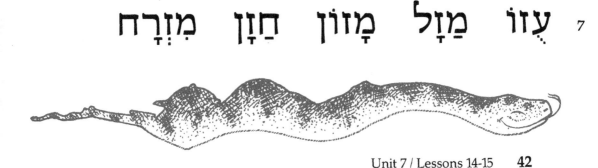

1   זְ   זַ   זוֹ   זוּ   זֵ   זִ   זָ

2   הֵז   עֵז   זְמַ   זֵר   חַז

3   זֵךְ   זְמִי   זָךְ   זוּז   פַּז

4   זְבוּב   זֶרַע   זִכָּרוֹן   זָכוֹר   זֵכֶר

5   עֹז   לָזוּז   מִזְמוֹר   הַזְמָנָה   הִזְמִין

6   זוּג   זָרָה   זַמַן   זְמַן   זְמִירוֹת

7   מִזְרָח   חַזָן   מָזוֹן   מַזָל   עֵזוּ

צ

1 צֵ צַ צֻ צְ צֶ צִ

2 בֵּיצָ מוֹצִ לָצֵ עָצוּ מִצַט

3 צְדָ צָפוּ צָדִ צֶדֶ צִיוֹ

4 צָהוֹב צַר צָרוֹת צָפוֹן צָפוּן

5 צִיוֹן צִיּוּן צֶדֶק צָדִיק צְדָקָה

6 מְצוּיָּן יוֹצֵא לָצֵאת הַמּוֹצִיא

7 מָצָא מַצָּה עֶצֶב עָצוּב בֵּיצָה

8 מִצוֹת מִצְוֹתָי בְּמִצְוֹתָיו

ץ

1 קֵץ בֵּץ רָץ צֵץ לוּץ

2 עֵץ בּוּץ רֶץ יִץ מִיץ

3 רִיץ חוּץ רוּץ בּוֹץ מֵץ

4 אֶרֶץ הָאָרֶץ רָץ לָרוּץ בַּחוּץ

5 קִבּוּץ מְקַבֵּץ קַיִץ קֵץ בּוֹץ

6 הִתְפּוֹצֵץ חָלוּץ עֵץ מִיץ חָמֵץ

1 טֵבֵת נָטַע קְטָנָה טַלִּיתוֹת

2 עֵט הַפְטָרָה מַפְטִירָה כִּמְעַט

3 קֶבַע מַדְלִיקִים בִּקוֹרֶת לוֹקֵחַ

4 לִקְבּוֹעַ חֱקַת מֶחְקָר מֶרְחָק

5 זָהָב זָרוּעַ חָזָק וְנִתְחָזֵק מְזֻמָּן

6 צָרִיךְ צוֹרֵךְ צוּר רָצוֹן בִּרְצִינוּת

7 עֲצֵי זֵיתִים זֵכֶר לִיצִיאַת מִצְרָיִם

8 חֲזִיר צוֹחֵק בְּקִצוּר מִיץ תַּפּוּזִים

Unit 7

PROGRESS TEST

I. Circle the word that <u>begins</u> with the English sound in the box.

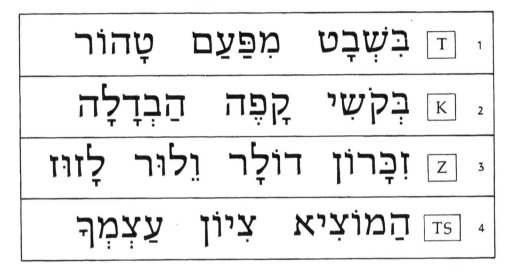

1	T	בִּשְׁבָט	מִפַּעַם	טָהוֹר	
2	K	בְּקֹשִׁי	קָפֶה	הַבְדָּלָה	
3	Z	זִכָּרוֹן	דוֹלָר	וֵלוּר	לָזוּז
4	TS	הַמּוֹצִיא	צִיּוֹן	עַצְמְךָ	

II. Circle the word that <u>ends</u> with the English sound in the box.

1	CH	כַּאֲשֶׁר	אֱלֹהֶיךָ	כָּכָה	
2	T	מְנוּחָה	חֲבֵרוּת	לוּחַ	
3	G	עָנָן	מַעְגָּל	גַּם	דָּג
4	TS	צְדָקָה	חָמֵץ	מַצָּה	שָׁבוּעַ

ס

1 סֵ סָ סוֹ סֹ סוּ סֶ סְ

2 חַסְ פֶּסַ מִסְ נִסְ חֶסֶ

3 סְבִי סִדוּ סַבְ סֵדֶ סַבָּ

4 סַבָּא סַבְתָא סִדוּר סֵדֶר

5 חֶסֶד חֲסָדִים חַסְדוֹ מִסְפָּר

6 מִסְפָּרִים פָּסַח פֶּסַח נִסִים

7 מַס פַּס כּוֹס נֵס סוּס

ף

1 קֵף סַף דֵף שֶׁף סִיף

2 גֶף צוּף רֶף לוּף טֵף

3 גוֹף יֵף סָף סֶף לֶף

4 אָלֶף אֶלֶף אַף עָף כַּף

5 כֶּסֶף מוּסָף סוּף סוֹף לְבַסוֹף

6 עָיֵף דִיזֶנְגוֹף לְהִתְעָטֵף קוֹף תֹּף

1 סוֹגֵר סָגוּר סוֹד סַל סַפְסָל

2 לִסְגוֹר פַּסִים פָּסוּק לְהַפְסִיק

3 נָסַע נוֹסֵעַ נְסִיעָה טַס מָטוֹס

4 סֵפֶר סְפָרִים סִפּוּר סוֹפֵר סַפֵּר

5 גוּף אַלוּף עוֹף חֹרֶף טַף

6 צִפְצוּף צִיף נֶגֶף רֶשֶׁף

Unit 8
PROGRESS TEST

Circle the letter named in the box.

ף	ב	פּ	ץ	FAY	1
ט	ץ	ע	ף	TSADEE	2
ן	ר	ו	ך	CHAF	3
ס	ן	ם	נ	MEM	4
ט	ן	מ	ך	NUN	5
ס	ע	צ	ם	SAMECH	6
ף	תּ	בּ	פּ	PAY	7
ך	פּ	כּ	כ	KAF	8

PART 2
PRAYER PRACTICE

Selections
from the
Shabbat Morning
Service

בָּרְכוּ אֶת־יְיָ הַמְבֹרָךְ.

בָּרוּךְ יְיָ הַמְבֹרָךְ לְעוֹלָם וָעֶד.

בָּרוּךְ אַתָּה יְיָ, אֱלֹהֵינוּ מֶלֶךְ הָעוֹלָם,

יוֹצֵר אוֹר וּבוֹרֵא חֹשֶׁךְ,

עֹשֶׂה שָׁלוֹם וּבוֹרֵא אֶת־הַכֹּל.

אֵל אָדוֹן עַל־כָּל־הַמַּעֲשִׂים

בָּרוּךְ וּמְבֹרָךְ בְּפִי כָּל־נְשָׁמָה.

גָּדְלוֹ וְטוּבוֹ מָלֵא עוֹלָם

דַּעַת וּתְבוּנָה סוֹבְבִים אֹתוֹ.

אוֹר חָדָשׁ עַל־צִיּוֹן תָּאִיר,

וְנִזְכֶּה כֻלָּנוּ מְהֵרָה לְאוֹרוֹ.

בָּרוּךְ אַתָּה יְיָ, יוֹצֵר הַמְּאוֹרוֹת.

אַהֲבָה רַבָּה אֲהַבְתָּנוּ יְיָ אֱלֹהֵינוּ,

חֶמְלָה גְדוֹלָה וִיתֵרָה חָמַלְתָּ עָלֵינוּ,

אָבִינוּ מַלְכֵּנוּ, בַּעֲבוּר אֲבוֹתֵינוּ

שֶׁבָּטְחוּ בְךָ,

וַתְּלַמְּדֵם חֻקֵּי חַיִּים, כֵּן תְּחָנֵּנוּ

וּתְלַמְּדֵנוּ.

בָּרוּךְ אַתָּה יְיָ,

הַבּוֹחֵר בְּעַמּוֹ יִשְׂרָאֵל בְּאַהֲבָה.

וַיֹּאמֶר יְהוָֹה אֶל־מֹשֶׁה לֵּאמֹר:

דַּבֵּר אֶל־בְּנֵי יִשְׂרָאֵל

וְאָמַרְתָּ אֲלֵהֶם וְעָשׂוּ לָהֶם צִיצִת

עַל־כַּנְפֵי בִגְדֵיהֶם לְדֹרֹתָם

וְנָתְנוּ עַל־צִיצִת הַכָּנָף פְּתִיל תְּכֵלֶת.

מִי־כָמֹכָה בָּאֵלִים יְיָ,

מִי כָּמֹכָה נֶאְדָּר בַּקֹּדֶשׁ,

נוֹרָא תְהִלֹּת עֹשֵׂה־פֶלֶא.

שִׁירָה חֲדָשָׁה שִׁבְּחוּ גְאוּלִים

לְשִׁמְךָ עַל־שְׂפַת הַיָּם,

יַחַד כֻּלָּם הוֹדוּ וְהִמְלִיכוּ וְאָמְרוּ:

יְיָ יִמְלֹךְ לְעֹלָם וָעֶד.

צוּר יִשְׂרָאֵל קוּמָה בְּעֶזְרַת יִשְׂרָאֵל,

וּפְדֵה כִנְאֻמֶךָ יְהוּדָה וְיִשְׂרָאֵל

גֹּאֲלֵנוּ יְיָ צְבָאוֹת

שְׁמוֹ קְדוֹשׁ יִשְׂרָאֵל.

בָּרוּךְ אַתָּה יְיָ גָּאַל יִשְׂרָאֵל.

בָּרוּךְ אַתָּה יְיָ אֱלֹהֵינוּ וֵאלֹהֵי אֲבוֹתֵינוּ,

אֱלֹהֵי אַבְרָהָם אֱלֹהֵי יִצְחָק וֵאלֹהֵי יַעֲקֹב,

הָאֵל הַגָּדוֹל הַגִּבּוֹר וְהַנּוֹרָא, אֵל עֶלְיוֹן,

גּוֹמֵל חֲסָדִים טוֹבִים וְקוֹנֵה הַכֹּל,

וְזוֹכֵר חַסְדֵי אָבוֹת

וּמֵבִיא גוֹאֵל לִבְנֵי בְנֵיהֶם

לְמַעַן שְׁמוֹ בְּאַהֲבָה.

מְכַלְכֵּל חַיִּים בְּחֶסֶד,
מְחַיֵּה מֵתִים בְּרַחֲמִים רַבִּים,
סוֹמֵךְ נוֹפְלִים וְרוֹפֵא חוֹלִים
וּמַתִּיר אֲסוּרִים,
וּמְקַיֵּם אֱמוּנָתוֹ לִישֵׁנֵי עָפָר.

נְקַדֵּשׁ אֶת־שִׁמְךָ בָּעוֹלָם,
כְּשֵׁם שֶׁמַּקְדִּישִׁים אֹתוֹ בִּשְׁמֵי מָרוֹם,
כַּכָּתוּב עַל יַד נְבִיאֶךָ,
וְקָרָא זֶה אֶל זֶה וְאָמַר:

קָדוֹשׁ קָדוֹשׁ קָדוֹשׁ יְיָ צְבָאוֹת,
מְלֹא כָל־הָאָרֶץ כְּבוֹדוֹ.

יִשְׂמַח מֹשֶׁה בְּמַתְּנַת חֶלְקוֹ,
כִּי עֶבֶד נֶאֱמָן קָרָאתָ לּוֹ.
כְּלִיל תִּפְאֶרֶת בְּרֹאשׁוֹ נָתַתָּ,
בְּעָמְדוֹ לְפָנֶיךָ עַל הַר סִינָי
וּשְׁנֵי לֻחוֹת אֲבָנִים הוֹרִיד בְּיָדוֹ,
וְכָתוּב בָּהֶם שְׁמִירַת שַׁבָּת
וְכֵן כָּתוּב בְּתוֹרָתֶךָ.

מוֹדִים אֲנַחְנוּ לָךְ,
שָׁאַתָּה הוּא יְיָ אֱלֹהֵינוּ
וֵאלֹהֵי אֲבוֹתֵינוּ לְעוֹלָם וָעֶד,
צוּר חַיֵּינוּ, מָגֵן יִשְׁעֵנוּ
אַתָּה הוּא לְדוֹר וָדוֹר.

שִׂים שָׁלוֹם, טוֹבָה וּבְרָכָה,

חֵן וָחֶסֶד וְרַחֲמִים

עָלֵינוּ וְעַל כָּל יִשְׂרָאֵל עַמֶּךָ.

בָּרְכֵנוּ אָבִינוּ כֻּלָּנוּ כְּאֶחָד בְּאוֹר פָּנֶיךָ,

כִּי בְאוֹר פָּנֶיךָ נָתַתָּ לָּנוּ, יְיָ אֱלֹהֵינוּ,

תּוֹרַת חַיִּים וְאַהֲבַת חֶסֶד,

וּצְדָקָה וּבְרָכָה וְרַחֲמִים וְחַיִּים וְשָׁלוֹם.

עוֹשֶׂה שָׁלוֹם בִּמְרוֹמָיו

הוּא יַעֲשֶׂה שָׁלוֹם

עָלֵינוּ וְעַל כָּל־יִשְׂרָאֵל,

וְאִמְרוּ אָמֵן.

אֲדוֹן עוֹלָם אֲשֶׁר מָלַךְ
בְּטֶרֶם כָּל יְצִיר נִבְרָא.
לְעֵת נַעֲשָׂה בְחֶפְצוֹ כֹּל
אֲזַי מֶלֶךְ שְׁמוֹ נִקְרָא.

וְאַחֲרֵי כִּכְלוֹת הַכֹּל
לְבַדּוֹ יִמְלוֹךְ נוֹרָא.
וְהוּא הָיָה וְהוּא הֹוֶה
וְהוּא יִהְיֶה בְּתִפְאָרָה.

וְהוּא אֶחָד וְאֵין שֵׁנִי
לְהַמְשִׁיל לוֹ לְהַחְבִּירָה.

ת בְּלִי תַכְלִית

וְלוֹ הָעֹז וְהַמִּשְׂרָה.

וְהוּא אֵלִי וְחַי גֹּאֲלִי

וְצוּר חֶבְלִי בְּעֵת צָרָה.

וְהוּא נִסִּי וּמָנוֹס לִי

מְנָת כּוֹסִי בְּיוֹם אֶקְרָ;

בְּיָדוֹ אַפְקִיד רוּחִי

בְּעֵת אִישַׁן וְאָעִירָה.

וְעִם רוּחִי גְּוִיָּתִי

יְיָ לִי וְלֹא אִירָא.